MÉMOIRE

PRÉSENTÉ AU ROI,

AR M. LENOIR, Conseiller d'État,

Et imprimé avec la permission de Sa Majesté.

A PARIS,

De l'Imprimerie de Ph.-D. Pierres,
Premier Imprimeur Ordinaire du ROI, &c.

M. DCC. LXXXVII.

MÉMOIRE

PRÉSENTÉ AU ROI,

Par M. LENOIR, Conseiller d'État, & imprimé avec la permission de SA MAJESTÉ.

A P R È s avoir rempli pendant vingt-cinq ans différentes places de Magiftrature, j'ai été nommé à celle de Lieutenant-Général de Police. Je l'ai exercée pendant près de douze années.

Elle m'a coûté des veilles, des foins & des acrifices ; mais j'ai pu compter au nombre de mes jours heureux, ceux où j'ai confolé des infortunés, arrêté les défordres, réconcilié deux ennemis, rapproché deux époux, & prévenu la ruine ou le déshonneur d'une famille.

J'ai quitté cette adminiftration depuis deux ans, & je croyois avoir mérité l'eftime de mes Concitoyens ; mais la malignité qui fçait attendre, pour faire un plus grand mal, a obfervé le moment où il pourroit lui convenir le plus de

A

diriger fes attaques, & elle a faifi les circonflances qui pou=
voient me les rendre plus fenfibles.

C'eft à la fin de l'Affemblée de Notables, parmi lefquels
j'avais eu l'honneur d'être appellé, qu'ont été répandus avec
profufion, un Mémoire & une feuille imprimés, dans lefquels j'ai été dénoncé, comme coupable de grandes prévari-
cations.

Plufieurs perfonnes, qui par leur intégrité, leurs lumières
& leurs fentimens pour moi, ont le droit de guider mes
démarches, ne vouloient pas que je fiffe de réponfe. Elles
me difoient qu'on n'en devoit aucune à des écrits qui n'a-
voient pas de forme légale ; qu'un Magiftrat & fur-tout celui
qui a été chargé d'un miniftère de confiance, n'a que fes
amis, fa vie paffée, & la voix du peuple dont il a mérité
d'être aimé, à oppofer aux clameurs des méchans. Qui mieux
que moi fent la force de cet avis, & pour qui peut-il être
plus amer d'y réfifter, & d'avoir à réfuter des libelles ?

Mon refpect pour l'opinion publique l'a cependant emporté
fur toute autre confidération, & j'ai efpéré que fi l'on pouvoit
blâmer une exceffive délicateffe, on daigneroit faire attention
que réfuter une accufation, n'eft pas répondre à un accufateur,
& qu'on fe met autant au-deffus d'elle par les preuves qui la
confondent, que par le filence qui la dédaigne.

J'ai féparé de ces imputations vagues & invraifemblables
qu'on a multipliées, les deux feuls faits, qui, préfentés avec
art & affirmés avec audace ; m'ont paru capables de faire
quelqu'impreffion fur ceux qui ne feroient pas inftruits. Ma
juftification ne confiftera qu'à les mettre dans le plus grand jour.

L'affaire que préfente M. Kornmann remonte à 1781. Je

n'y ai paru que pour tâcher de concilier les efprits & pour exécuter les ordres du Roi.

D'autres affaires étrangères à la détention de fa femme, l'ont fucceffivement mis dans le cas de recourir à moi; je lui ai rendu juftice; & dans la derniere vifite qu'il m'a faite en 1786, il m'a témoigné fa reconnoiffance.

Aujourd'hui il m'accufe d'abus d'autorité relativement à cette ancienne affaire, fur laquelle l'adminiftration de la Police a ceffé, à la fin de 1781, d'avoir aucune influence.

Il affure d'abord, *que j'ai remis fa femme au fieur de Beaumarchais* : voici à cet égard le fait dont j'ai retrouvé les preuves.

Au mois de Juin 1781, la Dame Kornmann fut arrêtée, fur la réquifition & aux frais de fon mari, en vertu d'un ordre du Roi.

Au mois de Novembre fuivant, elle avoit formé fa demande en féparation de corps & d'habitation, & elle avoit fait affigner fon mari, en vertu de l'ordonnance de M. le Lieutenant Civil.

Dans le courant du mois de Décembre, elle fit préfenter au Miniftre plufieurs Mémoires par lefquels elle demandoit fa liberté pour fuivre cette demande.

Dans l'un de ces Mémoires, elle offroit de fe retirer pendant tout le tems de fa groffeffe & de fes couches chez un Chirurgien-Accoucheur, avec foumiffion de fe repréfenter à l'autorité, ou à la juftice, & fous la caution du Chirurgien de répondre de fa perfonne & de la repréfenter; elle indiquoit le fieur Page, Chirurgien-Accoucheur & Docteur en Médecine.

A ces Mémoires étoient jointes copie de la requête préfentée à M. le Lieutenant Civil, par laquelle elle demanderoit pro-visoirement d'être autorisée à se retirer chez un Chirurgien pour faire ses couches, & copie de l'Ordonnance de M. le Lieutenant Civil portant entr'autres choses, *permis d'assigner le mari à bref délai pour être les Parties entendues présence l'une de l'autre.*

Ces Mémoires me furent renvoyés par le Ministre; je n'ai pas ignoré que Madame la Princesse de Nassau & M. de Beaumarchais sollicitoient la liberté de la Dame Kornmann; on me taxoit d'écouter favorablement le mari; & le Ministre marquait qu'il étoit instant de prendre un parti définitif.

Sans provoquer les ordres que l'on sollicitoit, j'ai répondu au renvoi de ces Mémoires, en exposant mes réflexions sur la situation de la Dame Kornmann & le lieu de sa détention, sur les diverses accusations de son mari contre elle, sur le Chirurgien proposé & sur l'état des procédures commencées au Châtelet, qui mettoient en opposition la voie juridique & celle de l'autorité.

Le 27 Décembre 1781, deux ordres du Roi me furent adressés, avec une lettre du Ministre, l'un pour révoquer celui en vertu duquel la Dame Kornmann étoit détenue dans la maison de la Demoiselle Douay, & l'autre pour la faire conduire en la maison du sieur Page, Accoucheur & Docteur en Médecine. Le 28 ces ordres furent exécutés.

(5)

Copie de l'ordre du Roi , pour la remife de la Dame Kornmann au fieur Page. Soumiffions dudit fieur Page & de la Dame Kornmann.

I L eft ordonné au fieur (*nom de l'Officier de Police*) de retirer de la maifon de la Demoifelle Donay , la Dame Kornmann , & de la conduire dans celle du fieur Page , Accoucheur & Docteur en Médecine.

Enjoint Sa Majefté, à ladite Dame Kornmann , fuivant fa foumiffion ; de ne pas fortir de la maifon , & de n'y recevoir que fes Avocat & Procureur ; comme auffi ordonne Sa Majefté au fieur Page , fuivant la foumiffion que ladite Dame Kornmann a offert de faire faire au fufdit fieur , de la repréfenter toutes les fois qu'il en fera requis , & ce , jufqu'à nouvel ordre. Fait à Verfailles le vingt-fept Décembre mil fept cent quatre-vingt-un. *Signé* LOUIS.

Et plus bas , AMELOT.

Je fouffigné , promets & fais ma foumiffion de me conformer à l'ordre ci-deffus. Ce 18 Décembre 1781. *Signé* PAGE, D. M.

Je fouffignée , promets & fais ma foumiffion , de me conformer à l'ordre ci - deffus. Ce 18 Décembre 1781. *Signé* KORNMANN née FAESCH.

Il eft effentiel de remarquer que la dépofition juridique du fieur Page , dans l'information faite à la requête de M. Kornmann fur l'accufation d'adultère eft abfolument conforme ; qu'elle étoit connue de M. Kornmann avant fon Mémoire imprimé comme toutes les autres dépofitions qui y font citées , & qu'il n'ignoroit pas que ce Chirurgien avoit dépofé avoir fait fa foumiffion devant moi , *hors la préfence du fieur de Beaumarchais.*

Il eſt donc faux que la remiſe de la perſonne de la Dame Kornmann ait été par moi faite à M. de Beaumarchais , & il eſt évident que je ne pouvois me refuſer à la faire à un Chirurgien qui avoit un titre pour l'obtenir.

M. Kornmann déclare encore *que je l'ai fait ſolliciter de ſupprimer ſon Mémoire ; qu'à ce prix je lui ai offert de le faire rembourſer ſur le champ de 600,000 livres , qu'il dit lui être dues dans l'affaire des Quinze-Vingts , & de lui abandonner le ſieur de Beaumarchais ſur le compte duquel je ne m'étois ex- primé qu'avec mépris , & que je voulois faire regarder comme le ſeul auteur de la perſécution dont il ſe plaint.*

On ſent la noirceur de cette accuſation faite par une feuille diſtribuée huit jours après le Mémoire, & le dernier jour de l'Aſſemblée de Notables. La calomnie eſt ici profondément, mais aveuglément méditée.

M. Kornmann nomme deux Magiſtrats pour garants de ſon aſſertion , M. d'Epremeſnil, Conſeiller au Parlement, & M. de Brunville, Procureur du Roi au Châtelet. Il dirige en même-temps une accuſation particuliere contre M. de Brun- ville. Ce Magiſtrat a adreſſé ſa juſtification à M. le Garde des Sceaux, & en repouſſant l'impoſture qui le concernoit, il a détruit celle dont j'étois l'objet. Le Chef de la Juſtice a daigné m'autoriſer à rendre publique la lettre de M. de Brunville, en ce qui me regarde.

Copie de la Lettre de M. le Procureur du Roi à M. le Garde des Sceaux, en ce qui regarde M. Lenoir.

Monseigneur,

Je viens d'avoir connoissance d'une feuille imprimée, intitulée : *Observations de M. Kornmann sur un Ecrit de M. de Beaumarchais.* Mon nom se trouve cité deux fois dans cette feuille ; & toutes les deux fois, ce qui donne lieu de me nommer est rapporté d'une maniere contraire à la vérité. Permettez-moi, Monseigneur, en ayant l'honneur de vous rendre compte des faits tels qu'ils sont, de prendre la liberté de vous soumettre une observation qui me paroît essentielle : c'est que la condition des Magistrats seroit bien fâcheuse, si la certitude qu'ils ne répondront pas publiquement aux imputations qu'on hazardera contre eux, les exposoit à être en but aux satyres & aux mensonges.

L'un des faits consignés dans l'Ecrit du sieur Kornmann m'est personnel ;
. . . .
. . . .
. . . .

Le second fait relativement auquel je suis cité, ne m'est pas personnel ; mais il est tellement faux dans la maniere dont il est rendu, que j'ose croire, Monseigneur, que vous ne trouverez pas mauvais que j'aie l'honneur de vous donner à cet égard quelques éclaircissemens. Ce fait a pour objet une prétendue négociation entamée chez moi. Suivant le sieur Kornmann, *M. Lenoir l'a fait solliciter de supprimer son Mémoire, & à ce prix, il a offert de lui faire rembourser 600,000 livres qui lui étoient dus dans l'affaire des Quinze-vingts ; & à ce prix encore, il a offert d'abandonner au sieur Kornmann le sieur de Beaumarchais, sur le compte duquel il ne s'exprimoit qu'avec mépris , & qu'il vouloit faire regarder comme le seul auteur de la persécution dont il se plaint.* Les paroles de M. Lenoir lui ont été (dit le sieur Kornmann) portées par M. d'Epremesnil.

Il est vrai, Monseigneur, que M. Lenoir & M. d'Epremesnil se sont rencontrés chez moi ; mais IL EST FAUX QUE M. LENOIR L'AIT PRIÉ DE SOLLICITER LE SIEUR KORNMANN DE SUPPRIMER SON MÉMOIRE. IL EST ABSOLUMENT FAUX QU'A CE PRIX, IL AIT PROMIS DE FAIRE PAYER AU SIEUR KORNMANN LES 600,000 LIVRES QU'IL RÉCLAME DANS L'AFFAIRE DES QUINZE-VINGTS ; IL EST ÉGALEMENT FAUX QUE M. LENOIR NE SE SOIT EXPRIMÉ QU'AVEC MÉPRIS SUR LE COMPTE DE M. DE BEAUMARCHAIS , ET QU'IL AIT VOULU LE FAIRE REGARDER COMME LE SEUL AUTEUR DE LA PERSÉCUTION DONT LE SIEUR KORNMANN SE PLAINT. M. d'Eprémesnil que j'ai vu hier, se rappelle très-bien, ainsi que moi, la conversation qui a eu lieu ; & en parlant au sieur Kornmann de cette conversation, il ne lui a certainement rien dit qui pût autoriser les faussetés qui se trouvent accumulées dans cette feuille. M. Lenoir & M. d'Epremesnil vous sont connus, Monseigneur ; le premier est incapable d'avoir fait une proposition semblable à celle des 600,000 livres , & le second incapable de s'en être chargé si elle eût été faite.

Paris, ce 27 Mai 1787.

M. de Brunville m'a aussi adressé le désaveu le plus formel de l'assertion de M. de Kornmann, & m'a permis de le publier.

Lettre de M. de Brunville à M. Lenoir.

JE viens, Monsieur, de lire une feuille imprimée, intitulée : *Observations de M. Kornmann sur un Écrit de M. de Beaumarchais.* Il paroîtroit, d'après cette feuille que M. d'Epremesnil a été chargé par vous d'une négociation vis-à-vis du sieur Kornmann , laquelle a été entamée chez moi ; que l'objet de cette prétendue négociation auroit été

d'engager

d'engager le fieur Kornmann à fupprimer fon Mémoire ; & à ce prix, on dit que vous lui avez fait offrir de lui faire rembourfer fur le champ tout ce qui lui étoit dû, dans l'affaire des Quinze-Vingts, & que vous avez auffi offert de lui abandonner M. de Beaumarchais, fur le compte duquel on prétend que vous vous êtes exprimé avec mépris, & que vous avez voulu faire regarder comme le feul auteur de la perfécution dont le fieur Kornmann fe plaint.

J'ignore quelle impreffion aura pu faire l'Ecrit qui vient d'être diftribué ; mais je dois à la vérité de démentir des faits auffi faux que ceux qui y font contenus. Vous vous êtes trouvé chez moi, Monfieur, il y a quelque tems, (je me le rappelle très-bien,) avec M. d'Eprémefnil ; mais il eft faux, que vous ayez prié ce Magiftrat de folliciter le fieur Kornmann de fupprimer fon Mémoire. Il eft également de toute fauffeté que vous ayez chargé M. d'Eprémefnil d'offrir au fieur Kornmann, pour le déterminer à cette fuppreffion, de lui faire rembourfer les 600,000 livres, qu'il dit lui être dues dans l'affaire des Quinze-Vingts. Ce que le fieur Kornmann ajoute relativement à M. de Beaumarchais n'eft pas plus exact.

Je ne doute pas, Monfieur, que M. d'Eprémefnil ne s'empreffe à vous donner les affurances les plus pofitives de l'inexactitude de tous ces faits, pour peu que vous le défiriez. Quant à moi, je me reprocherois de ne pas vous faire parvenir la dénégation la plus formelle de ma part de ce qui a été avancé fauffement dans l'Ecrit du fieur Kornmann. Vous êtes le maître de faire de cette lettre tel ufage que vous jugerez convenable. J'ai cru vous devoir, j'ai cru me devoir à moimême, de rétablir la vérité. Je m'eftimerai heureux, fi je peux contribuer à la faire prévaloir fur l'erreur.

J'ai l'honneur d'être avec un fincère & refpectueux attachement,

Monfieur,   Votre, &c.

Paris, ce 24 *Mai* 1787.   DE FLANDRE DE BRUNVILLE.

Je vais joindre ici la déclaration de M. d'Eprémefnil.

B

Déclaration de M. d'Eprémefnil fur ce qui s'eft paſſé le 31 Mars 1787, entre M. Lenoir, M. l'Abbé Sabatier & lui, chez M. de Brunville.

Pour bien entendre ce qui s'eft paſſé chez M. de Brunville, il faut reprendre les choſes dès l'origine.

Dans les derniers jours du mois de Mars, (c'étoit, je crois, le Mercredi 28, ou le Jeudi 29) M. l'Abbé Sabatier me fit l'honneur de venir chez moi pour m'engager à faire uſage de mon crédit ſur l'eſprit d'un homme que je protégeois, me diſoit-il, en le réconciliant avec ſa femme, & prévenant une exploſion fâcheuſe à tous égards ; il me nomma M. de Kornmann. J'eus l'honneur de répondre à M. Sabatier que je n'étois point fait pour protéger M. de Kornmann ; que je l'eſtimois & le plaignois comme un homme vertueux & malheureux ; mais que je ne voulois abſolument pas me mêler de ſon affaire, ſinon pour procurer autant qu'il ſeroit en mon pouvoir, un libre cours à la juſtice, dans le cas où l'autorité ſurpriſe s'interpoſeroit entre la loi & M. de Kornmann ; que tels étoient mes ſentimens ; *& vous ſavez, ajoutai-je à M. l'Abbé Sabatier, que j'en ai parlé dans les mêmes termes à M. de Beaumarchais, que j'ai rencontré chez vous l'année derniere, lorſqu'il voulut me donner des impreſſions fâcheuſes ſur le compte de M. de Kornmann, qu'il me peignoit ſous les traits d'un banqueroutier, d'un caiſſier infidele, & d'un mari féroce.* M. l'Abbé Sabatier inſiſta : *le rôle de pacificateur dans une affaire auſſi cruelle*, me diſoit-il, *ſeroit digne de vous.* Je lui déclarai que je n'en voulois pas, & nous nous ſéparâmes, lui m'aſſurant qu'il eſpéroit finir par me perſuader, moi répondant qu'il n'y parviendroit jamais. Je ne me rappelle pas qu'il ait été queſtion de M. Lenoir dans cette entrevue. Je croirois même pouvoir plutôt aſſurer le contraire.

Le Samedi ſuivant 31 Mars (pour cette date, elle m'eſt bien préſente); le Samedi 31 Mars dans la matinée, M. l'Abbé Sabatier me fit l'honneur de venir chez moi: *Mon honorable ami*, me dit-il, en débutant, *je n'ai pas renoncé à vous perfuader. Cette malheureufe femme eft au défefpoir; elle vous feroit pitié; elle eft venue m'implorer, ou plutôt c'étoit vous qu'elle imploroit; elle dit que fon repos dépend de vous, que vous pouvez tout fur fon mari; elle demande ce qu'il veut qu'elle faffe; je fuis la mere de fes enfans; qu'il difpofe de moi; j'ai commis des imprudences; mon mari eft aigri; mais M. d'Eprémefnil peut l'adoucir; ce Magiftrat refufera-t-il de rendre, puifqu'il le peut, une femme à fon mari, une mere à fes enfans, des enfans à leur mere? ... Mon cher Abbé,* lui dis-je, en m'armant de fermeté, car j'avoue que j'en avois befoin, *laiffez-moi tranquille. Je vous dis que je n'ai point d'empire fur l'efprit de M. de Kornmann dans cette affaire; que je n'en veux point avoir; il m'évite: je l'entends très-bien; & véritablement mettez-vous à la place d'un homme ruiné, empoifonné, affaffiné décrié. Si Mad. de Kornmann étoit autrement entourée, ah! que cette réunion feroit facile! .... N'importe,* reprit M. l'Abbé Sabatier, *plus la tâche eft difficile, autant qu'honnête, plus elle vous convient.* (Je ne rapporte ces expreffions que par fidélité.) *On parle d'un Mémoire; on dit que M. Bergaffe en eft l'auteur; que M. Lenoir y fera compromis; vous avez eu des liaifons avec lui, & des démêlés auffi; il fe méfiera de moi. Au refte, je vous donne M. Bergaffe comme un homme d'honneur, un généreux ami, la feule confolation de M. de Kornmann après fes enfans. M. Lenoir ne fe méfie point de vous; il fe plaint au contraire de ce que vous vous êtes éloigné de lui; il ne demande pas mieux que de caufer avec vous de cette affaire; & je vous propofe de vous trouver enfemble chez votre ami intime M. de Brunville, qui veut bien y confentir pour l'amour de la paix; le roulez-vous? Vous eft-il poffible de refufer à vos amis, à une mere malheureufe, à un Magiftrat recommandable que vous avez aimé, &, je puis le dire, à M. de Kornmann lui-même dont vous feriez le bonheur, une faveur auffi facile, auffi légitime, & dont les réfultats peuvent être auffi purs en eux-mêmes, auffi doux à votre cœur? ... Que veus-on? Après m'être débattu fort longtems, je me rendis. .... Hé bien,* dis-je à mon victorieux Confrere, que M. Lenoir donne son jour ; je me rendrai chez M. de Brunville. *Donnez le vôtre*, reprit M. Sabatier, *on l'acceptera. . . . . . .En ce cas, Lundi prochain.* ---- *Je crois que M. Lenoir doit profiter de la vacance des Notables , pour aller demain à sa campagne. Hé bien donc, ce soir , à sept heures , & je vous prie de vous y trouver.* Nous en convînmes ; il me quitta ; & comme ne pas rendre le ton en même-temps que les paroles, est trop souvent l'art de défigurer un entretien, je dois dire qu'il étoit impossible d'avoir un ton plus noble, plus ouvert, & plus pénétrant tout à la fois que celui de M. l'Abbé Sabatier.

Le soir donc du même jour Samedi 31 Mars, entre sept & huit heures, je me rendis chez M. de Brunville ; M. Lenoir & M. l'Abbé Sabatier y étoient arrivés. Je crus m'appercevoir que ma présence affectoit le premier désagréablement ; je ne tins point à la sienne ; je fus à lui, je lui pris les mains , je l'embrassai ; *vous pouvez, lui dis - je , me parler & m'écouter sans prévention ; je ne viens ici qu'avec de bonnes intentions. Le Lieutenant de Police & le Conseiller au Parlement ont eu des opinions différentes , & même des démêlés ; mais dans un moment comme celui-ci , j'espere que vous oublierez tout , ainsi que moi : je vous assure que je suis bien sensible à votre confiance . . . .* M. Lenoir ne répondit à cette effusion qu'en me serrant les mains d'un air qui valoit mieux que des paroles, puis il me dit : *je vous vois comme je le désirois . . . . .* Et la conversation ainsi réglée sur un ton doux, nous nous assîmes.

« Messieurs, leur dis-je en riant, je ne suis venu ici de la part
„ de personne, ni pour mon propre compte. M. de Kornmann, que
„ je n'ai pas vu depuis long-tems , ignore ma démarche ; c'est vous qui
„ m'avez mandé ; par conséquent , c'est à moi d'attendre & d'écouter ».

Alors un des trois Magistrats présents à cette conférence , je ne sais plus lequel, m'adressant la parole, me dit : *Savez-vous ce que veut M. de Kornmann ? . . . .* « Je crois , répondis-je , qu'il ne veut
„ plus que justice ; ce sont du moins les dernieres dispositions dans
„ lesquelles je l'ai laissé . . . . ». Mais, reprit M. Lenoir, pourquoi

’’ m’attaque-t-il ? Je fuis sûr qu’il fe prépare à me diffamer dans un
’’ Mémoire public. Qu’a-t-il à fe plaindre de moi ? ’’.... Je faifis
cette queftion pour témoigner à M. Lenoir toute ma furprife de ce
qu’il avoit retiré Madame de Kornmann de la maifon des Demoifelles
Douay , pour la remettre entre les mains de M. de Beaumarchais.
M. Lenoir fe défendit de cette action , m’affurant qu’il n’avoit sûre-
ment rien fait fans ordre ; mais qu’il ne fe rappelloit pas d’avoir remis Madame de Kornmann entre les mains de M. de Beaumarchais,
& de-là prit fon texte pour m’expofer fort en détail fa conduite dans
l’affaire de M. de Kornmann. Ce n’eft pas à moi de répéter l’expofé
de M. Lenoir. “ Monfieur, lui dis-je , j’ignore les difpofitions ac-
’’ tuelles de M. de Kornmann ; je le connois pour le plus honnête
’’ homme du monde & le plus malheureux : il m’a toujours paru
’’ naturellement doux; mais à préfent c’eft un homme doux révolté.
’’ Il y a deux ans paffés , lorfque je fus affez heureux pour l’engager
’’ à fufpendre fes plaintes, au fujet defquelles j’eus l’honneur de vous
’’ écrire, je fais qu’il vous fit demander trois chofes : la premiere ,
’’ que Madame de Kornmann fe retirât dans fa famille , & qu’elle
’’ affurât les deux tiers de fa fortune à fes enfans : la feconde, que
’’ fa créance qu’il difoit & dit encore être inconteftable, dans l’affaire
’’ des Quinze-Vingts, lui fût promptement remboursée après avoir été
’’ jugée , fon deffein étant de quitter la France au moins pour un temps ;
’’ la troifieme, que vous employaffiez vos bons offices à lui faire ob-
’’ tenir en pays étranger , un emploi honorable fans appointemens ,
’’ uniquement pour détruire les bruits injurieux que les féducteurs de
’’ fa femme , fes ennemis , avoient femés par-tout fur fon compte ;
’’ c’eft ainfi qu’il s’en eft expliqué avec moi en plufieurs occafions. Il
’’ ajoute, c’eft lui qui parle, qu’on l’avoit amufé conftamment par de
’’ vaines efpérances. Permettez-moi donc de vous demander ce que je
’’ pourrois lui rapporter fur ces trois propofitions, s’il vouloit m’entendre ’’.
Voici la réponfe de M. Lenoir fur la premiere propofition: “ *Je ne fais pas*
’’ *quelles font les difpofitions de Madame de Kornmann ; mais je trouve*
’’ *la propofition très-raifonnable ; & fi Madame de Kornmann me*

» *confultoit, je l'exhorterois à faifir cette voie d'accommodement.* — Sans
» doute, a dit M. l'Abbé Sabatier ; & Madame de Kornmann m'a
» paru difpofée à donner à fes enfans, même la totalité de fa for-
» tune. *Sur la feconde propofition*, a repris M. Lenoir, *il ne m'eft*
» *pas permis de m'expliquer, étant Commiffaire du Roi dans l'affaire des*
» *Quinze-Vingts ; tout ce que je puis dire, c'eft que je n'ai aucun*
» *motif pour différer le jngement de la créance de M. de Kornmann ;*
» *qu'elle fera jugée dès qu'il fera poffible ; le refte n'eft pas en mon*
» *pouvoir. A l'égard de la troifieme propofition, je ne me rappelle*
» *pas qu'elle m'ait jamais été faite*.... Pardonnez-moi, lui dis-je ; elle a
» dû vous être faire, ou par M. de Kornmann directement, ou par
» M. Gomel, Procureur au Châtelet, fi j'ai bonne mémoire... *Cela*
» *peut-être*, me répondit M. Lenoir ; *mais je ne m'en fouviens pas ;*
» *je n'y aurois trouvé dans le temps aucune difficulté ; maintenant,*
» *s'il eft poffible d'obtenir pour M. de Kornmann l'emploi ou le brevet*
» *qu'il defire, j'y donnerai mes foins très-volontiers* ».

« *A l'égard de M. de Beaumarchais*, pourfuivit M. Lenoir, *je*
» *ne me fais point garant de la conduite qu'il a tenue dans cette af-*
» *faire : il a cru devoir venir au fecours de Madame de Kornmann ;*
» *ce n'a jamais été ni par mes confeils, ni par les moyens que ma*
» *place auroit pu me donner* ».

Tel eft, finon en propres termes, du moins en fubftance, le ré-
fumé fidele, & quelquefois littéral de ce qui s'eft dit chez M. de
Brunville. Prêts à nous féparer, M. l'Abbé Sabatier me rappella tout
le bien que je ferois, fi j'avois le talent d'adoucir M. de Kornmann,
d'arrêter l'explofion, de rapprocher deux époux défunis, & de remettre
enfin deux enfans dans les bras de leur mere. On me fit promettre
de parler à M. de Kornmann, & je le promis. Ainfi s'eft terminé la
conférence.

Le lendemain, & plufieurs jours de la Semaine-Sainte, je cherchai
M. de Kornmann, une fois chez lui, & d'autres fois au Licée harmo-
nique ; mais inutilement. Enfin nous nous fommes rencontrés le jour
de Pâques entre quatre & cinq heures du foir. Je lui rendis compte

de la conférence du 31 Mars. Peindre l'étonnement, l'indignation, &
l'indulgence qui s'entre-combattoient visiblement en lui, me seroit
impossible. Au milieu de ces agitations, je crus un moment que l'indulgence l'emporteroit; mais cet espoir ne dura gueres : il s'étoit éva-
noui avant même que j'eusse quitté M. de Kornmann : & le lendemain matin de très-bonne heure, je reçus sans surprise une lettre de
lui qui m'annonçoit que *sa position étoit tellement compliquée qu'elle
n'admettoit plus de possibilité d'aucun accommodement; qu'il croiroit n'a-
voir pas beaucoup de peine à m'en convaincre : que s'il ne m'en avoit
fait sur le champ l'observation que partiellement, c'est qu'il étoit tellement étourdi du récit de mon entrevue, que les idées qu'elle avoit fait
naître, ne s'étoient présentées que successivement à son esprit.*

*Ainsi je vous supplie, Monsieur, d'annoncer positivement la vraie si-
tuation dans laquelle vous m'avez trouvé : car je veux que mes ennemis
me reconnoissent vrai jusqu'au dernier moment. Dites donc, je vous prie,
que vous avez trouvé en moi un homme parfaitement résigné à la mort,
étant persuadé que cet arrêt terrible a été prononcé du moment même que ma
femme a été placée, malgré mes réclamations, au milieu de la société
la plus corrompue, laquelle est devenue par une suite indispensable la
source féconde de tous les malheurs qui ont successivement écrasé toute
ma famille : que je ne cherche plus à me soustraire à cet arrêt, puis-
que je ne veux pas contrarier les décrets d'une Providence infiniment sage
qui a permis ces désordres : que par conséquent le seul objet qui m'oc-
cupe encore pendant le peu d'instans qui me restent à végéter, c'est de
chercher à placer mes enfans dans une position telle que, privés de mon
assistance par ma mort, ils n'aient pas à me reprocher un jour leur
existence, & mon insouciance d'avoir négligé à leur procurer les moyens
de parcourir pendant le temps de leur durée une carriere honnête, &
sur-tout de n'avoir point à rougir de celui dont ils portent le nom.*

*Je suis bien persuadé, Monsieur, que malgré la corruption actuelle
de nos mœurs, ce terme de mon ambition ne pourra m'être refusé par
ceux auxquels le soin d'interpréter & de faire exécuter les loix est confié,
& que les protections ni l'intrigue ne pourront contrarier la pureté de
mes intentions.*

Voilà mes confeffions , Monfieur ; annoncez que je ferai fage & modéré ; que , n'ayant plus de jouiffances fur la terre , je fuis fans paffion , & que je ne me plais pas à faire le mal.

Je crois devoir obferver en finiffant, n'avoir pas dit à M. de Kornman que M. Lenoir m'eût parlé de mépris & de mécontentement à l'égard de M. de Beaumarchais. A la vérité, il fut queftion en parlant de ce dernier, de méfeftime & de mécontentement, & ces expreffions défignoient bien les fentimens d'un Magiftrat ; mais ce Magiftrat n'étoit pas M. Lenoir.

Avec la même exactitude j'ajouterai que j'ai cherché à raffurer M. de Kornmann, au fujet des paroles de M. Lenoir, & comme tout m'a paru fincere dans les difcours, le maintien, les regards & le ton de ce Magiftrat, je m'en fuis expliquée ainfi avec M. de Kornmann.

Enfin la vérité ne feroit fatisfaite qu'imparfaitement, fi j'omettois de répéter ce que j'ai dit à M. Lenoir, auffi bien qu'à M. de Brunville, que j'avois peut-être contribué à l'erreur des *obfervations* fur le fait dont il s'agit. En effet, me promenant dans le jardin de M. de Kornmann, douze ou quinze jours après la publication de fon Mémoire, avec M. Bergaffe, ce dernier me dit : *comment trouvez-vous M. de Beaumarchais , qui fait répandre maintenant dans le monde que M. de Kornmann avoit demandé deux cent mille francs pour fe taire avant la retraite de M. de Calonne ; mais que , depuis la retraite de ce Miniftre , il ne veut plus entendre à rien. . . Oh ! pour cela , repliquai-je avec vivacité, c'eft un peu fort ; je fuis fûr du contraire. Vous favez que j'ai porté à M. de Kornmann des paroles d'accommodement avant la retraite de M. de Calonne , & qu'il les a fortement rejettées ; vous pouvez le dire , & me citer.*

Voilà toutes les circonftances qui peuvent fervir à faire juger la conférence du 31 Mars & les fuites qu'elle occafionne. Après avoir lu & relu mon Ecrit auffi attentivement que s'il s'agiffoit d'une dépofition, je n'y trouve rien que je ne puiffe attefter fur mon honneur. Fait à Paris, ce 1 Juin 1787. *Signé* D'EPREMESNIL.

Ces lettres & cette déclaration établissent clairement qu'il est faux que j'aie follicité la fuppreſſion du Mémoire ; qu'il est faux, que j'aie offert de procurer un rembourſement de 600,000 livres, & enfin que je n'ai à répondre qu'à des calomnies.

Après ces témoignages rendus par deux Magiſtrats dont l'intégrité eſt reconnue, comment qualifier l'aſſertion de M. Kornmann ? Elle étoit cependant bien poſitive, bien circonſtanciée & paroiſſoit ne laiſſer aucun doute. Cette accuſation, la plus odieuſe de toutes, doit fixer l'opinion ſur les autres, qui étant avancées, ſans preuve, ſans aucune baſe, ne peuvent être repouſſées que par une ſimple dénégation.

Cet expoſé ſuffira ſans doute pour exciter l'indignation, en montrant avec quelle facilité le menſonge outrage la probité ; & peut-être me permettra-t-on d'ajouter, qu'après avoir regardé pendant tant d'années, comme un des devoirs les plus ſacrés de ma place, d'arrêter la calomnie, & comme une de mes plus douces ſatisfactions d'en préſerver les gens de bien, il eſt douloureux pour moi d'être aujourd'hui aux priſes avec elle, & d'éprouver l'amertume qu'elle laiſſe encore, lors même qu'elle eſt confondue.

www.ingramcontent.com/pod-product-compliance
Lightning Source LLC
LaVergne TN
LVHW021909180726
843502LV00008B/2968